_____ 님께

당신의 찬란한 내일을 기원합니다.

_____ 드림

내 인생의 찬란한 7일

마음의 빛이 되는 영어 한마디

내 인생의 찬란한 7일

초판 1쇄 발행 | 2010년 12월 20일
초판 2쇄 발행 | 2011년 2월 10일

지 은 이 | WG Contents Group
그 린 이 | 정원재
발 행 인 | 정현순
발 행 처 | 지혜정원

출판등록 | 2010년 1월 5일 제 313-2010-3호
주   소 | 서울시 마포구 서교동 483-15 501호
연 락 처 | TEL: 02-6401-5510 / FAX: 02-6280-7379
홈페이지 | www.jungwonbook.com

ISBN 978-89-963759-8-2 13740
값 12,000원

마음의 빛이 되는 영어 한마디

내 인생의 찬란한 7일

WG Contents Group 저 | 정원재 그림

지혜정원

Preface

WG Contents Group   이 책은 명언을 담은 명언집으로서, 영어를 배우는 영어학습서로서, 일주일을 계획할 수 있는 플래너로서 등 다양한 형태로 독자 여러분께 만족감을 드리고자 내용에서부터 모양형태까지 고려하여 기획된 책입니다. 명사, 명저 속의 명언명문을 통해 자연스럽게 영어를 익히고 글이 담고 있는 메시지를 어떻게 하면 보다 효과적으로 독자 여러분의 삶 속에 전달할 수 있을지 고민을 담았습니다.

바로 지금이 내 인생에서 가장 빛나는, 찬란한 시기라고 생각하고 일주일을 보낸다면, 그러한 일주일이 모여 일 년이 되고, 일 년이 모여 십 년, 또 몇십 년이 되어 행복한 인생이 될 것입니다. 마음의 양식이 되는 좋은 책으로, 또한 삶을 기록해가는 인생의 플래너로 항상 간직하시길 바랍니다. 여러분 모두의 찬란한 내일을 기원합니다.

정원재 작가의 말   '글씨는 마음을 비추는 창'이란 말을 떠올리며, 타고난 명필은 아니어서 비뚤어진 획에 마음이 들킬세라 종이와 마주앉아 한 페이지, 한 페이지 정성 들여 쓰고 그렸습니다. 말은 뱉으면 흩어지고 말지만, 글은 쓰면 쓸수록 그 뜻의 강인함이 더욱 살아납니다. 이 책의 글들이 앞을 밝혀주는 등불이 되어 여러분이 꿈을 향해 앞으로 나아가는 데 조금이나마 도움이 되면 좋겠습니다.

마지막으로 제 글씨와 그림이 뛰어놀 지면을 만들어준 지혜정원 식구들과 언제나 저를 응원해주는 사랑하는 가족들에게 감사의 말을 보냅니다.

Contents

Light 3 세상은 한 권의 아름다운 책이다
The world is a beautiful book.

Light 4 아름답게 나이 들게 하소서
Let me grow lovely, growing old.

This Book is...

1. **내 삶의 빛이 되는 영어 한마디를 읽다**

명사의 명언과 명문, 가슴에 울림을 주는 영시, 문학이나 영화와 같은 작품 속 명대사 등 어두운 밤바다를 한 줄기 빛으로 환하게 비춰주는 등대처럼 삶의 방향을 잡아주는 명언명문을 읽을 수 있습니다.

2. **아름다운 캘리그라피를 보다**

명언명문의 우리말 해석을 아름다운 손글씨로 실었습니다. 전문 캘리그라피 작가의 개성적인 표현이 담긴 이 책의 글들은 보면 볼수록 더 생동감 있게 다가올 것입니다.

3. **마음이 따뜻해지는 그림을 만나다**

명언명문의 감동을 더할 수 있게 글에서 느껴지는 분위기나 감정을 함축적이면서도 따스함이 느껴지는 수채화풍 손그림에 담았습니다.

4. **한 줄 Writing으로 영어를 생각하다**

명언명문을 읽고 〈My Writing〉에서 생각이나 감상을 적어볼 수 있습니다. 영어를 그대로 따라 적거나 자신의 느낌이나 감정을 자유롭게 한번 적어보세요.

Special Tip

이 책의 아름다운 손글씨와 그림을 다운로드 받을 수 있습니다.
PC나 휴대폰의 바탕화면으로 예쁘게 꾸며보세요.

다운로드 받는 곳 지혜정원 홈페이지 www.jungwonbook.com
정원재 작가 블로그 www.nandabooks.com

My Dream is...

꿈을 글로 옮겨 적으면 그 꿈을 이룰 가능성이 훨씬 높아집니다.
여러분의 이루고 싶은 꿈이나 목표를 직접 적어보세요.

01 _____

02 _____

03 _____

04 _____

Approximately 95 percent of us have never written out our goals in life, but of the 5 percent who have, 95 percent have achieved their goals.
- John C. Maxwell

우리 중 약 95%의 사람은 자신의 인생 목표를 글로 기록한 적이 없다.
그러나 글로 기록한 적이 있는 5%의 사람들 중 95%가 자신의 목표를 성취했다.
- 존 C. 맥스웰

나는 하나의 인간에 불과하나,

그래도 단 하나의

존재이다

에드워드 에버렛 헤일

나는 모든 것을 할 수 없으나,
그래도 무언가는 할 수 있다.
나는 모든 것을 할 수 없으므로
나는 내가 할 수 있는 것을
거부하지 않을 것이다.

I am only one,
But still I am one.
I cannot do everything,
But still I can do something;
And because I cannot do everything,
I will not refuse to do the something
that I can do.

- Edward Everett Hale

I can do _____

1 2 3 4 5 6 7 8 9 10 11 12

Mon

Tue

Wed

Thu

Fri

Sat

Sun

생생하게 상상하라,
간절하게 소망하라,

02

폴 J. 마이어

진정으로 믿고
열정적으로 실천하라.

그러면 무엇이든
반드시 이루어질 것이다.

$\mathcal{W}$hatever you vividly imagine,
ardently desire, sincerely believe,
and enthusiastically act upon
must inevitably come to pass.

- Paul J. Meyer

Whatever you _____ come to pass.

1 2 3 4 5 6 7 8 9 10 11 12

Mon

Tue

Wed

Thu

/Fri

/Sat

/Sun

우리 또

리얼리스트

그러나

03

체 게바라

가 되자

가슴 속에는

불가능한 꿈을 꾸자

Realist

$\mathcal{B}$e the Realist,
but dream unrealistic dream
in your heart.

- Ernesto Guevara de la Serna

Dream _____ in your heart.

1 2 3 4 5 6 7 8 9 10 11 12

Mon

Tue

Wed

Thu

Fri

Sat

Sun

Realist

당신을 사랑합니다

어떻게, 언제부터, 어디부터인지는 몰라도
그 어떤 조건이나 자만도 없이
당신을 사랑합니다.
사랑 밖에는 할 수 있는 게 아무 것도
없음을 알기에 당신을 사랑합니다.

04

파블로 네루다 「소네트 17번 중」

내가 존재하지 않는 곳에 당신도 없고,
너무도 가깝기에 내 가슴에 얹은
당신의 손은 내 손이 되고
너무도 가깝기에 당신이 눈 감을 때
나도 잠이 듭니다.

I love you without knowing
how, or when, or from where.
I love you straightforwardly,
without complexities or pride;
so I love you because I know no
other way than this:
where I does not exist, nor you,
so close that your hand on my
chest is my hand,
so close that your eyes close as I
fall asleep.

- Pablo Neruda「Sonnet 17」

I love you without

1 2 3 4 5 6 7 8 9 10 11 12

Mon

Tue

Wed

Thu

/Fri

/Sat

/Sun

미숙한 사랑은

'네가 필요하기에
널 사랑해'

라고 말한다

05

에리히 프롬

성숙한 사랑은
'널 사랑하기에
네가 필요해'
라고 말한다.

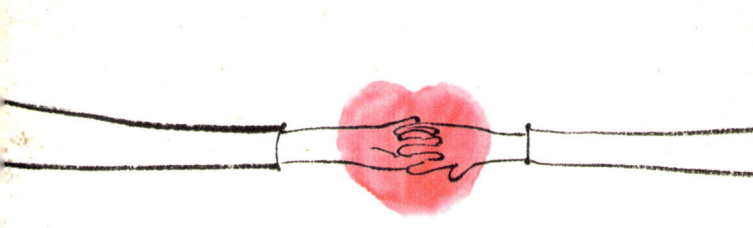

*I*mmature love says:
'I love you because I need you.'
Mature love says:
'I need you because I love you.'

- Erich Fromm

I love you because _____

1 2 3 4 5 6 7 8 9 10 11 12

Mon

Tue

Wed

Thu

Fri

Sat

Sun

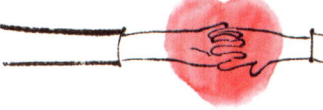

당신이 꿈

그것을 이룰

이 모든 것이 생쥐

시작 됐다는 것을

06

월트 디즈니

꿈 수 있다면

수 있습니다.

한 마리에 의해

기억하세요

*I*f you can dream it, you can do it. Always remember that this whole thing was started with a dream and a mouse.

- *Walt Disney*

Always remember that _____

1 2 3 4 5 6 7 8 9 10 11 12

Mon

Tue

Wed

Thu

Fri

Sat

Sun

이룰 수 없는 꿈을 꾸고,

이길 수 없는 적과 싸우며

견딜 수 없는 슬픔을 견디고,

용사도 감히 가지 못하는 곳으로 달려가는 것

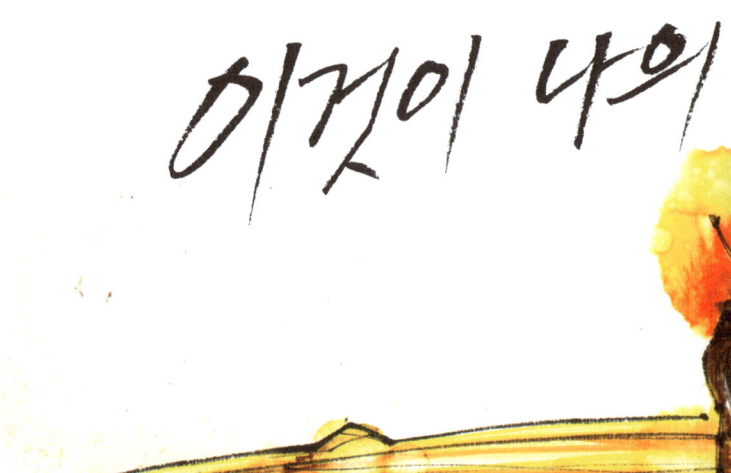

이것이 나의

07

돈키호테

바로잡을 수 없는 잘못을 바로잡고,

저 먼 곳의 순수와 순결을 사랑하며

너무 지쳐 힘이 빠져도 끝까지 애를 쓰고,

결코 잡을 수 없는 저 별에 손을 뻗는 것

여정이다.

To dream, the impossible dream
To fight, the unbeatable foe
To bear, with unbearable sorrow
To run, where the brave dare not go
To right, the unrightable wrong
To love, pure and chaste from afar
To try, when your arms are too weary
To reach, the unreachable star
This is my quest.

- Don Quixote

 My Writing

To dream,

1 2 3 4 5 6 7 8 9 10 11 12

Mon

Tue

Wed

Thu

Fri

Sat

Sun

08

헨리 반 다이크 「시간은」

시간은

기다리는 이들에겐 너무 느리고

걱정하는 이들에겐 너무 빠르고

슬퍼하는 이들에겐 너무나 길고

기뻐하는 이들에겐 너무 짧다네

하지만 사랑하는 이들의 시간은 영원하지.

$\mathcal{T}$ime is

Too Slow for those
who Wait,
Too Swift for those
who Fear,
Too Long for those who Grieve,
Too Short for those who Rejoice;
But for those who Love,
Time is not.

- Henry Van Dyke「Time is」

Time is _____

1 2 3 4 5 6 7 8 9 10 11 12

Mon

Tue

Wed

Thu

Fri

Sat

Sun

인간이 가장 먼저 해야 할 일은
자기 자신에게 진실해지는 것이다.
만약 스스로에게 진실하다면

09

셰익스피어 「햄릿」

밤이 낮을 따르듯
대개의 일이 순리대로
풀릴 것이다.

*T*his above all: to thine own
self be true, and it must follow,
as the night the day,
thou canst not then be false
to any man.

— *William Shakespeare* 「*Hamlet*」

My Writing

This above all: _____

1 2 3 4 5 6 7 8 9 10 11 12

Mon

Tue

Wed

Thu

Fri

Sat

Sun

Success!

성공이란

10

앤서니 로빈스

자신이 하고 싶은 일을, 하고 싶은 때,

하고 싶은 곳에서, 함께 하고 싶은 사람과,

하고 싶은 만큼 하는 것이다.

Success!

$\mathscr{S}$uccess is doing what you want to do, when you want, where you want, with whom you want, as much as you want.

- Anthony Robbins

Success is doing

1 2 3 4 5 6 7 8 9 10 11 12

/ Mon

/ Tue

/ Wed

/ Thu

Fri

Sat

Sun

Success!

11

에밀리 디킨슨「희망은 한 마리 새」

희망은 한 마리 새

영혼 위에 걸터 앉아

가사 없는 곡조를 노래하며

그칠 줄을 모른다.

*H*ope is the thing with feathers
That perches in the soul
And sings the tune without the words
And never stops at all.

- *Emily Dickinson*
「*Hope Is the Thing with Feathers*」

Hope is _____

1 2 3 4 5 6 7 8 9 10 11 12

/ Mon

/ Tue

/ Wed

/ Thu

Fri

Sat

Sun

네가 오후
나는 세 시부터 벌써

여우의 말 「어린 왕자」

네 시에 온다면
행복해 지기 시작할거야

*I*f for example, you came at four o'clock in the afternoon, then at three o'clock I shall begin to be happy.

- *Fox*「*The Little Prince*」

I shall begin to be _____

1 2 3 4 5 6 7 8 9 10 11 12

Mon

Tue

Wed

Thu

Fri

Sat

Sun

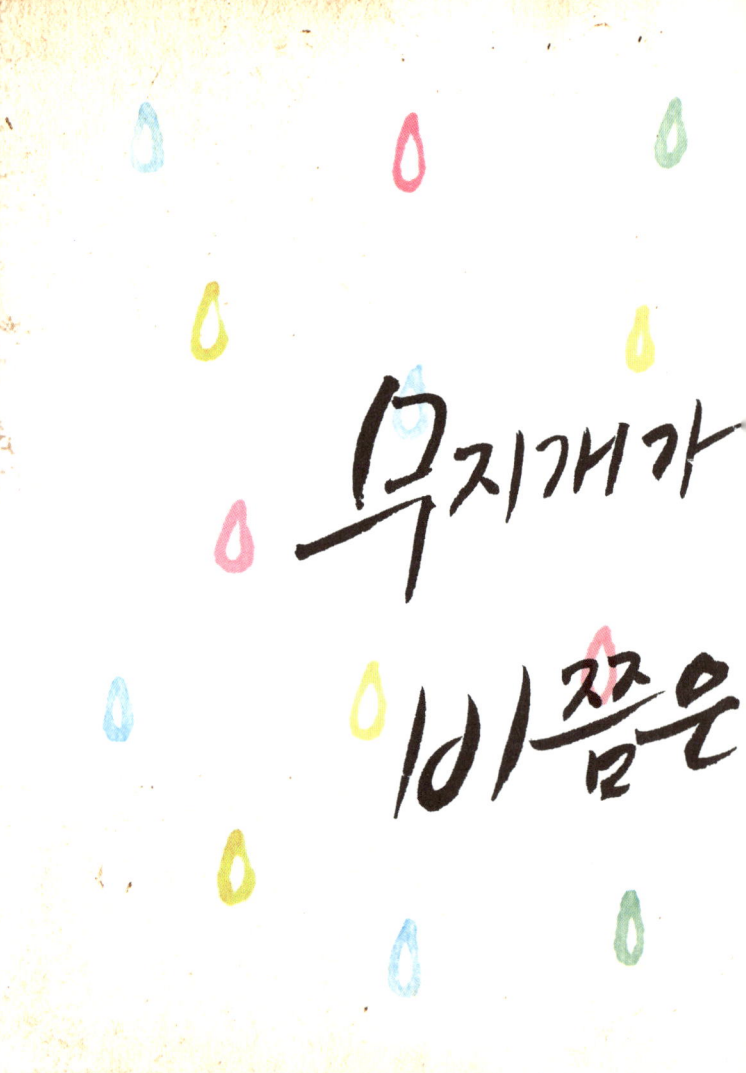

무지개가

비쯤은

13

돌리 파튼

뜨길 바란다면

견뎌내야 한다

*I*f you want the rainbow,
you gotta put up with the rain.

- Dolly Parton

If you want _____, you gotta put up with _____

1 2 3 4 5 6 7 8 9 10 11 12

Mon

Tue

Wed

Thu

Fri

Sat

Sun

우정은 가끔
사랑으로 끝나기도 하지만.

14

찰스 케일립 콜튼

사랑이 우정으로
끝나는 일은 절대 없다

Friendship? Love!

$\mathcal{F}$riendship often ends in love;
but love in friendship - never.

- Charles Caleb Colton

Friendship often ends in _____

1 2 3 4 5 6 7 8 9 10 11 12

Mon

Tue

Wed

Thu

/Fri

/Sat

/Sun

Friendship? Love!

나 죽어갈 때

채찍처럼 살 속을 파고들어도
휘날리는 눈 사랑했노라고.
아름다운 모든 것 사랑하여
명랑한 미소로 그 쓰라린 아픔
받아들이려 애썼다고.
찢어지는 가슴 아랑곳없이
내 영혼의 심연까지 깊숙이

15

사라 티즈데일 「기도」

말해주소서.

혼신을 다 바쳐 사랑했노라고.
삶을 삶 자체로 사랑하여
모든 것에 가락 맞추며
아이들처럼 노래
불렀노라고.

When I am dying, let me know
That I loved the blowing snow
Although it stung like whips;
That I loved all lovely things
And I tried to take their stings
With gay unembittered lips;
That I loved with all my strength,
To my soul's full depth and length,
Careless if my heart must break,
That I sang as children sing
Fitting tunes to everything,
Loving life for its own sake.

- *Sara Teasdale* 「*A Prayer*」

I loved

1 2 3 4 5 6 7 8 9 10 11 12

Mon

Tue

Wed

Thu

/Fri

/Sat

/Sun

큰 슬픔이 세찬 강물처럼
그대의 삶으로 밀려와 마음 흔들고
소중한 것들을 영원히 쓸어가 버릴 때면
매 힘든 순간마다 그대 가슴에 대고 말하라.

16

랜터 윌슨 스미스 「이것 또한 지나가리라」

이것 또한
지나가리라

When some great sorrow,
like a mighty river,
Flows through your life with
peace-destroying power
And dearest things are swept
from sight forever,
Say to your heart each trying
hour:
"This, too, shall pass away."

- *Lanta Wilson Smith*
「*This Too Shall Pass Away*」

Say to your heart

1 2 3 4 5 6 7 8 9 10 11 12

/ Mon

/ Tue

/ Wed

/ Thu

Fri

Sat

Sun

영원히 살 것처럼
꿈을 꾸고

17

제임스 딘

오늘 죽을것 처럼
살아라

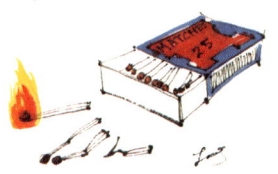

*D*ream as if you'll live
forever, live as if you'll die today.

- *James Dean*

Dream as if

1 2 3 4 5 6 7 8 9 10 11 12

Mon

Tue

Wed

Thu

Fri

Sat

Sun

조용하거라.

슬픈 마음이여,

한탄도 하지 말아라

헨리 워즈워스 롱펠로우 「비 오는 날」

구름 뒤 태양 여전히 빛나듯
　그대의 운명은 뭇사람의 운명이니
　　누구에게나 비 내리는 날 반드시 있고,
　　　어둡고 쓸쓸한 날 있는 법이니.

Be still, sad heart!
and cease repining;
Behind the clouds is the sun still shining;
Thy fate is the common fate of all,
Into each life some rain must fall,
Some days must be dark and dreary.

- *Henry Wadsworth Longfellow*
    「*The Rainy Day*」

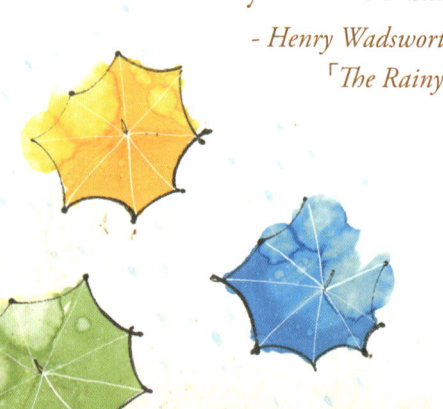

Some days must be _____

1 2 3 4 5 6 7 8 9 10 11 12

Mon

Tue

Wed

Thu

Fri

Sat

Sun

만일 내가

나는 할 수 있다

19

마하트마 간디

그 믿는다면,

나는 분명 그것을 해낼 만큼의
힘을 얻게 될 것이다.
비록 처음에는 그만한 힘을 갖고
있지 못했다 할지라도.

*I*f I have the belief that I can
do it, I shall surely acquire the
capacity to do it even if I may
not have it at the beginning.

- Mahatma Gandhi

I shall surely acquire

1 2 3 4 5 6 7 8 9 10 11 12

Mon

Tue

Wed

Thu

Fri

Sat

Sun

사월은 잔인한 달

죽은 땅에서 라일락을 키워내고

기억과 욕망을 뒤섞고

봄비로 잠든 뿌리를 뒤흔든다.

차라리 겨울에 우리는 따뜻했다.

T. S. 엘리엇 「황무지」

망각의 눈이 대지를 덮고
마른 구근으로 가냘픈 생명만 유지했으니.

April is the cruelest month, breeding
Lilacs out of the dead land, mixing
Memory and desire, stirring
Dull roots with spring rain.
Winter kept us warm, covering
Earth in forgetful snow, feeding
A little life with dried tubers.

- T. S. Eliot「The Waste Land」

 My Writing

April is

1 2 3 4 5 6 7 8 9 10 11 12

Mon

Tue

Wed

Thu

Fri

Sat

Sun

앞서서 걷지말라. 내가

뒤에서 걷지 말라. 내가

그저 옆에 나란히

내 친구가

21

알베르트 까뮈

르지 않을 수도 있다.

끌지 않을 수도 있다.

으면서

리이 달라.

Don't walk in front of me;
I may not follow.
Don't walk behind me; I may
not lead.
Just walk beside me and be my
friend.

- *Albert Camus*

Just walk beside me and be _____

1 2 3 4 5 6 7 8 9 10 11 12

Mon

Tue

Wed

Thu

Fri

Sat

Sun

사랑은 전쟁과 시작하긴 쉽지만 끝내긴 힘든.

같다 —

22

헨리 루이스 멩켄

Love

$\mathcal{L}$ove is like war;
easy to begin but very hard to stop.

- *Henry Louis Mencken*

Love is like _____

1 2 3 4 5 6 7 8 9 10 11 12

Mon

Tue

Wed

Thu

Fri

Sat

Sun

내가 기도한다면, 내 입술 움직이는

단 한 가지 기도는

"제 마음

23

에밀리 브론테 「부귀영화를 가볍게 여기네」

지금 그대로 두시고
제게 자유를 주소서!"

*A*nd if I pray, the only prayer
That moves my lips for me
Is, "Leave the heart that now
I bear, And give me liberty!"

- Emile Bronte
「Riches I Hold in Light Esteem」

The only prayer is _____

1 2 3 4 5 6 7 8 9 10 11 12

Mon

Tue

Wed

Thu

Fri

Sat

Sun

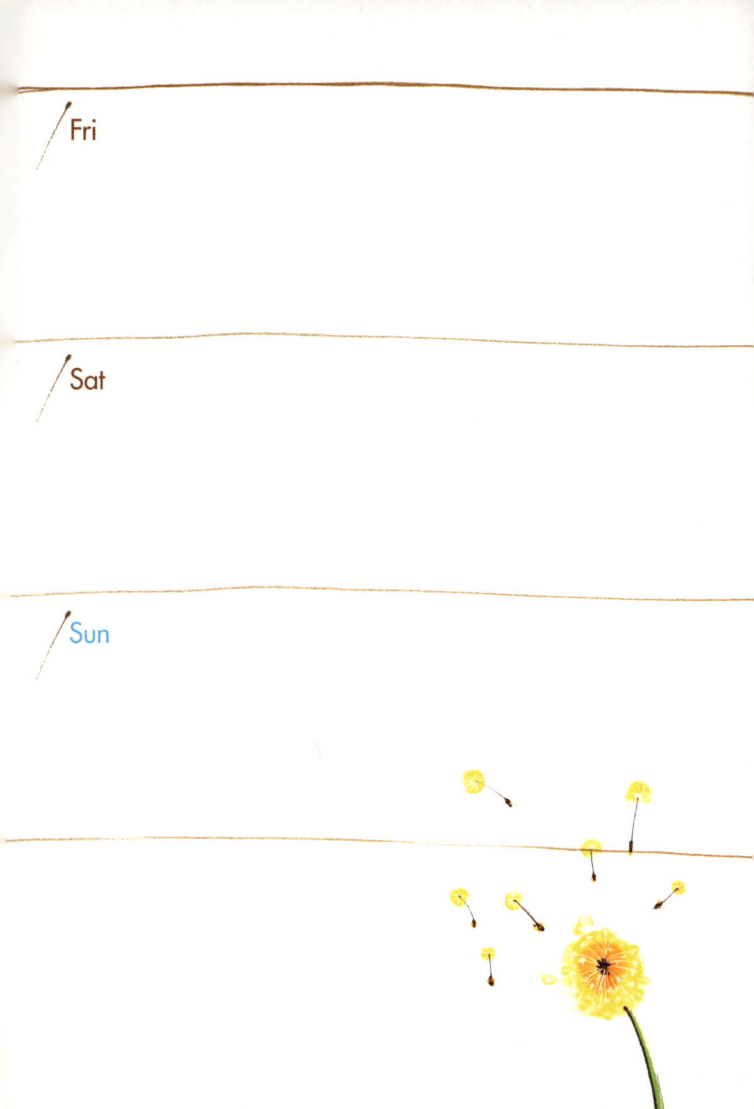

남자는 항상 여자의
첫사랑이길 원한다

24

오스카 와일드

반면,
여자는 남자의
마지막 사랑이길
원한다.

$\mathcal{M}$en always want to be
a woman's first love - women
like to be a man's last romance.

- *Oscar Wilde*

Men always want to be _____

1 2 3 4 5 6 7 8 9 10 11 12

Mon

Tue

Wed

Thu

Fri

Sat

Sun

어제는 가버렸고 내일은

우리에겐 오직

자, 시작

마더 테레사

...직 오지 않았습니다

...늘이 있을 뿐입니다

...라도록 합시다.

*Y*esterday is gone.
Tomorrow has not yet come.
We have only today.
Let us begin.

- Mother Teresa

We have only _____

1 2 3 4 5 6 7 8 9 10 11 12

Mon

Tue

Wed

Thu

Fri

Sat

Sun

사랑하라

그러면 사랑

Love

26

랠프 월도 에머슨

받을 것이다

$\mathcal{L}$ove, and you shall be loved.

- *Ralph Waldo Emerson*

Love, and you shall _____

1 2 3 4 5 6 7 8 9 10 11 12

Mon

Tue

Wed

Thu

Fri

Sat

Sun

Love

27

엘리노어 루즈벨트

미래는
자신이 품은
꿈의 아름다움을
믿는 사람들의 것이다

$\mathcal{T}$he future belongs to those who
believe in the beauty of their dreams.

- Eleanor Roosevelt

The future belongs to _____

1 2 3 4 5 6 7 8 9 10 11 12

Mon

Tue

Wed

Thu

Fri

Sat

Sun

태양을
바라보고 살아라

28

헬렌 켈러

그러면 너의 그림자를 못 보리라

$\mathcal{K}$eep your face to the sunshine
and you cannot see the shadow.

- *Helen Keller*

Keep your face to _____

1 2 3 4 5 6 7 8 9 10 11 12

/ Mon

/ Tue

/ Wed

/ Thu

Fri

Sat

Sun

true friend

29

아리스토텔레스

진정한 친구란

두 신체에 깃든

하나의 영혼이다.

true friend

𝒜 true friend is one soul
in two bodies.

- Aristotle

A true friend is _____

1 2 3 4 5 6 7 8 9 10 11 12

Mon

Tue

Wed

Thu

/Fri

/Sat

/Sun

true friend

순간을

30

코리타 켄트

사랑하라

그러면 그 순간의 힘이

모든 한계를 넘어

퍼져가리라

$\mathcal{L}$ove the moment and the energy of the moment will spread beyond all boundaries.

- Corita Kent

Love the moment and

1 2 3 4 5 6 7 8 9 10 11 12

/ Mon

/ Tue

/ Wed

/ Thu

Fri

Sat

Sun

세상은 한 권의
아름다운 책이다

31

카를로 골도니

그러나 그 책을 읽을수 없는
사람에게는
별 소용이 없다.

The world is a beautiful
book, but of little use to him
who cannot read it.

- *Carlo Goldoni*

My Writing

The world is _____

1 2 3 4 5 6 7 8 9 10 11 12

/ Mon

/ Tue

/ Wed

/ Thu

/Fri

/Sat

/Sun

사람들은 이런 진리를 잊

하지만 넌 그것을

넌 네가 길들인것이
길들

기렇어. 여우가 말 했다.

잊어선 안돼.

대해 언제까지나

책임을 져야해.

" *M*en have forgotten this
truth," said the fox.
"But you must not forget it.
You become responsible, forever,
for what you have tamed."

- Fox 「The Little Prince」

My Writing

You become responsible for _____

1 2 3 4 5 6 7 8 9 10 11 12

Mon

Tue

Wed

Thu

Fri

Sat

Sun

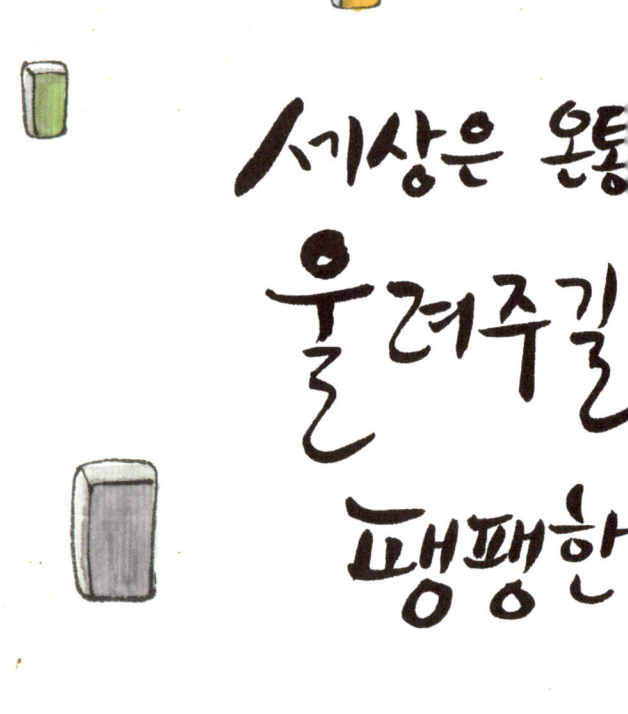

세상은 온통

울려주길

팽팽한

33

랩프 월도 에머슨

믿이고, 기회고,

기다리는

줄이다.

$\mathcal{T}$he world is all gates,
all opportunities, strings of
tension waiting to be struck.

- Ralph Waldo Emerson

The world is _____

1 2 3 4 5 6 7 8 9 10 11 12

/Mon

/Tue

/Wed

/Thu

Fri

Sat

Sun

사랑은

서로를 바라보는

것이 아니라

34

생텍쥐페리

함께 같은 방향을
바라보는 것이다

$\mathcal{L}$ove does not consist in gazing
at each other, but in looking outward
together in the same direction.

- Antoine de Saint-Exupery

 *My Writing*

Love does not consist in _____

1 2 3 4 5 6 7 8 9 10 11 12

Mon

Tue

Wed

Thu

/Fri

/Sat

/Sun

인간은 자여

갈대에

그러나 생각

35

블레즈 파스칼

기서 가장 약한

리나지 않는다.

하는 갈대다.

$\mathcal{M}$an is no more than a reed,
the weakest in nature.
But he is a thinking reed.

- Blaise Pascal

Man is no more than _____

1 2 3 4 5 6 7 8 9 10 11 12

Mon

Tue

Wed

Thu

/Fri

/Sat

/Sun

바이런

우정은 날개없는 사랑이다.

$\mathscr{F}$riendship is Love
without his wings.

— *Lord Byron*

Friendship is

1 2 3 4 5 6 7 8 9 10 11 12

Mon

Tue

Wed

Thu

/Fri

/Sat

/Sun

사랑이란

37

제니퍼의 말 「러브 스토리」

결코 미안하다고
말하지 않는게야.

$\mathcal{L}$ove means never having
to say you're sorry.

— *Jennifer* 「*Love Story*」

Love means

1 2 3 4 5 6 7 8 9 10 11 12

/ Mon

/ Tue

/ Wed

/ Thu

Fri

Sat

Sun

절대로 고개를
떨구지 말라

38

헬렌 켈러

항상 고개를 치켜들고
세상을 똑바로 바라보라

*N*ever bend your head.
Always hold it high.
Look the world straight in the eye.

- Helen Keller

My Writing

Look the world

1 2 3 4 5 6 7 8 9 10 11 12

Mon

Tue

Wed

Thu

Fri

Sat

Sun

인간은 세가지 사건만 겪는다

태어나서,

살고, 죽는다

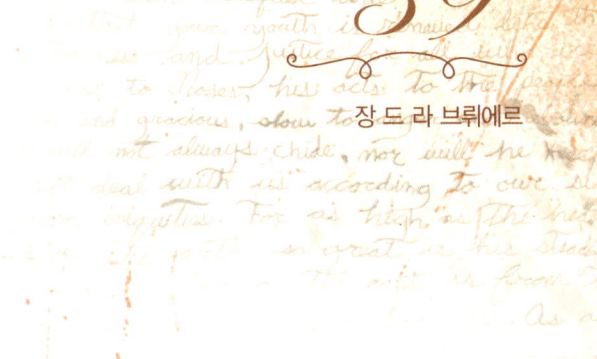

39

장 드 라 브뤼에르

태어날 땐 느끼지 못한다.

죽을 땐 괴로워한다.

그리고 살아있을 땐 잊으려 한다.

$\mathcal{M}$an has but three events
in his life: to be born, to live,
and to die. He is not conscious
of his birth, he suffers at his
death and he forgets to live.

- Jean de la Bruyere

Man has but three events in his life: _____

1 2 3 4 5 6 7 8 9 10 11 12

Mon

Tue

Wed

Thu

Fri

Sat

Sun

어떤 이의 죽음도

나 자신의 소모려니

그건 나도 또한 인류의 일부이기에,

그러니 묻지 말지어다,

누구를 위하여 종은 울리느냐고,

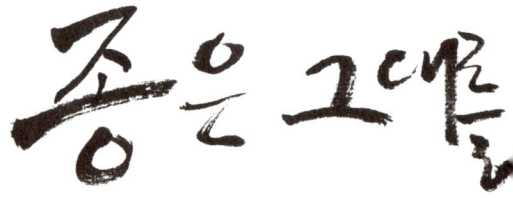

종은 그대를

40

존던

위하여
울리는 것이냐.

*A*ny man's death diminishes me, Because I am involved in Mankind, and therefore never send to know for whom the bell tolls; it tolls for thee.

- John Donne

My Writing

I am involved in _____

1 2 3 4 5 6 7 8 9 10 11 12

Mon

Tue

Wed

Thu

Fri

Sat

Sun

나는 한평생
살면서

첫사랑에게는 웃음을,
두 번째 사랑에게는 눈물을,
세 번째 사랑에게는 침묵을 선사했다.

41

사라 티즈데일 「선물」

첫사랑은 내게 노래를 주었고,
두 번째 사랑은 내 눈을 뜨게 했고,
아, 그러나 내게 영혼을 준 것은
세 번째 사랑이었어라.

I gave my first love laughter,
I gave my second tears,
I gave my third love silence
Thru all the years.

My first love gave me singing,
My second eyes to see,
But oh, it was my third love
Who gave my soul to me.

　　　　　　　- *Sara Teasdale*「*Gifts*」

My Writing

I gave _____

1 2 3 4 5 6 7 8 9 10 11 12

Mon

Tue

Wed

Thu

Fri

Sat

Sun

세상의

끈기를

42

캘빈 쿨리지

어떤것도
대신할 수 없다.

*N*othing in this world can
take the place of persistence.

- *Calvin Coolidge*

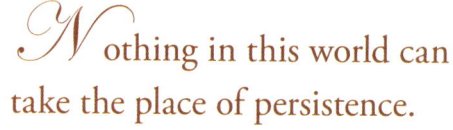

My Writing

Nothing in this world can take place of _____

1 2 3 4 5 6 7 8 9 10 11 12

Mon

Tue

Wed

Thu

Fri

Sat

Sun

43

루키우스 세네카

행운이란
준비와 기회가
만나는 순간이다.

*L*uck is what happens when
preparation meets opportunity.

- Lucius Annaeus Seneca

Luck is what happens when _____

1 2 3 4 5 6 7 8 9 10 11 12

Mon

Tue

Wed

Thu

/Fri

/Sat

/Sun

나는 들짐승이

자기연민에 빠진것을
본적이 없다.

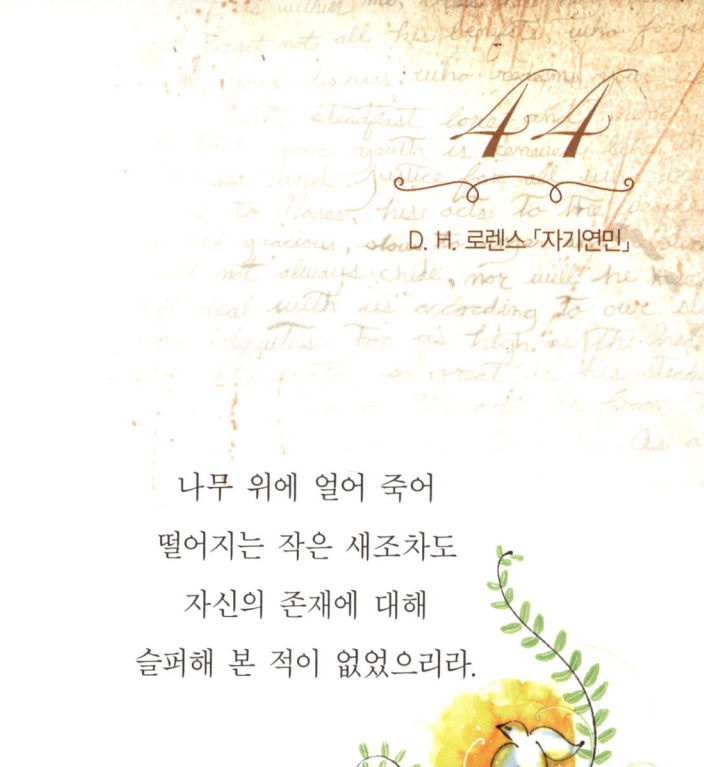

D. H. 로렌스 「자기연민」

나무 위에 얼어 죽어

떨어지는 작은 새조차도

자신의 존재에 대해

슬퍼해 본 적이 없었으리라.

I never saw a wild thing
sorry for itself.
A small bird will drop frozen
dead from a bough without ever
having felt sorry for itself.

- D. H. Lawrence 「*Self Pity*」

✒ My Writing

I never saw _____

1 2 3 4 5 6 7 8 9 10 11 12

Mon

Tue

Wed

Thu

Fri

Sat

Sun

비가 올때는 아ᄅ

비가 내ᄅ

무지개도

45

길버트 K. 체스터톤

라는 위를 쳐다보라

시 않는다면

값을 것이다.

*A*nd when it rains on your parade, look up rather than down. Without the rain, there would be no rainbow.

- Gilbert K. Chesterton

Without the _____, there would be no _____

1 2 3 4 5 6 7 8 9 10 11 12

Mon

Tue

Wed

Thu

Fri

Sat

Sun

아름답게 나이 들게

수많은 멋진 것들이 그러하듯이
레이스와 상아와 황금, 그리고 비단도
새것이 꼭 좋은 것은 아닙니다.

칼 윌슨 베이커 「아름답게 나이 들게 하소서」

하소서.

오래된 나무에 치유력이 있고
오래된 거리에 영화가 깃들 듯
이들처럼 저도 나이 들수록
더욱 아름다워질 수 없나요.

$\mathcal{L}$et me grow lovely, growing old
So many fine things do:
Laces, and ivory, and gold,
And silks need not be new;
And there is healing in old trees,
Old streets a glamour hold;
Why may not I, as well as these,
Grow lovely, growing old?

- Karle Wilson Baker「Let Me Grow Lovely」

Let me grow

1 2 3 4 5 6 7 8 9 10 11 12

Mon

Tue

Wed

Thu

Fri

Sat

Sun

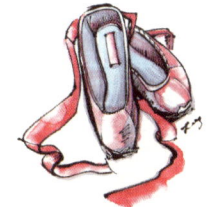

사랑이란

Love is

47

폴 발렐리

둘이 같이
멍청해 지는 것.

Love is being stupid together.

- *Paul Valery*

Love is

1 2 3 4 5 6 7 8 9 10 11 12

Mon

Tue

Wed

Thu

Fri

Sat

Sun

Love is

진정한 우정은 건강과 같아

잃어버리기 전에는

그 가치를

48

찰스 케일럽 콜튼

깨닫지 못한다.

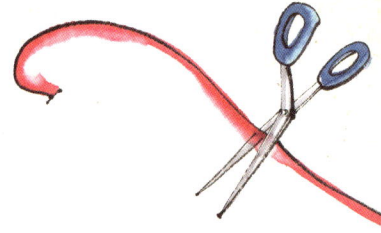

$\mathcal{T}$rue friendship is like sound
health; the value of it is seldom
known until it is lost.

- *Charles Caleb Colton*

True friendship is _____

1 2 3 4 5 6 7 8 9 10 11 12

Mon

Tue

Wed

Thu

Fri

Sat

Sun

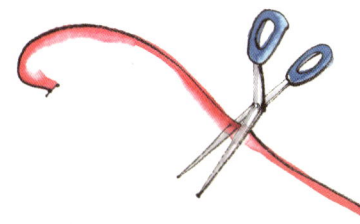

나는 천천히 걸지만
절대 뒤로

에이브러햄 링컨

걸진 않는다

I walk slowly,
but I never walk backward.

- Abraham Lincoln

I never walk _____

1 2 3 4 5 6 7 8 9 10 11 12

/ Mon

/ Tue

/ Wed

/ Thu

Fri

Sat

Sun

키스는 말이 진부해지고
불필요할 때

50

잉그리드 버그만

말을 멈추는
자연이 만들어낸

사랑스런 트릭이다

Kiss

A kiss is a lovely trick, designed by nature, to stop speech when words become superfluous.

- *Ingrid Bergman*

A kiss is _____

1 2 3 4 5 6 7 8 9 10 11 12

Mon

Tue

Wed

Thu

/Fri

/Sat

/Sun

Kiss

잊어버려요

꽃을 잊어버리듯이

잊어버려요, 한때 금빛으로 타오르던

불꽃을 잊어버리듯이

영원히, 영원히 잊어버려요.

시간은 다정한 벗,

시간 따라 우리도 늙어갈 거예요.

51

사라 티즈데일 「잊어버려요」

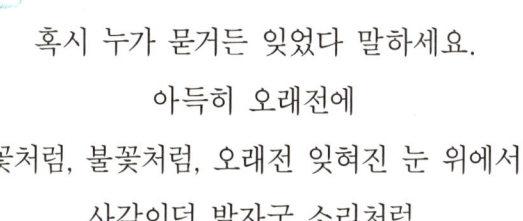

혹시 누가 묻거든 잊었다 말하세요.

아득히 오래전에

꽃처럼, 불꽃처럼, 오래전 잊혀진 눈 위에서

사각이던 발자국 소리처럼.

*L*et it be forgotten as a flow'r
is forgotten,
Forgotten as a fire that once was
singing gold
Let it be forgotten forever and ever.
Time is a kind friend, he will make
us old.
If anyone should ask say it was
forgotten,
Long and long ago
As a flow'r, as a fire, as a hushed foot-
fall In a long forgotten snow.

- Sara Teasdale「Let it be forgotten」

Let it be forgotten as _____

1 2 3 4 5 6 7 8 9 10 11 12

Mon

Tue

Wed

Thu

Fri

Sat

Sun

행복이란 향수같아서
먼저 자신이 뿌리지 않고는
다른 사람에게

52

랠프 월도 에머슨

향기를 발할 수 없다.

$\mathcal{H}$appiness is a perfume which you cannot pour on someone without getting some on yourself.

- Ralph Waldo Emerson

Happiness is _____

1 2 3 4 5 6 7 8 9 10 11 12

/ Mon

/ Tue

/ Wed

/ Thu

/Fri

/Sat

/Sun

내 비밀은 이ㄹ

오직 마음으로 보아야ㅁ

가장 죽요한 건

53

여우의 말 「어린 왕자」

기야. 아주 간단해.

잘 볼수 없다는 거야.

눈에는 보이지 않거든.

*A*nd now here is my secret,
a very simple secret:
It is only with the heart that
one can see rightly; what is
essential is invisible to the eye.

- Fox「The Little Prince」

What is essential is _____

1 2 3 4 5 6 7 8 9 10 11 12

/ Mon

/ Tue

/ Wed

/ Thu

Fri

Sat

Sun

모두를 사랑하되,
몇 사람만 믿으라

윌리엄 셰익스피어

누에게도 악한 일을 하지 말라.

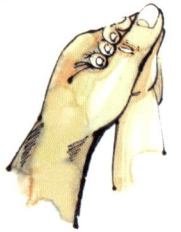

$\mathcal{L}$ove all, trust a few.

Do wrong to none.

- William Shakespeare

Love _____, trust _____

1 2 3 4 5 6 7 8 9 10 11 12

Mon

Tue

Wed

Thu

Fri

Sat

Sun

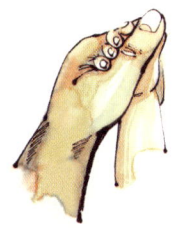

55

앙리 베르그송

행동하는 사람처럼
생각하고
생각하는 사람처럼
행동해라.

Think like a man of action
and act like a man of thought.

- *Henri Bergson*

Think like a man of

1 2 3 4 5 6 7 8 9 10 11 12

Mon

Tue

Wed

Thu

Fri

Sat

Sun

서로의 마음을 주라

그러나 서로의 마음속에

왜냐하면 오직 생명의 손만이
그대의 마음을 가질 수 있기에.
함께 서 있으라. 그러나 너무 가까이
함께 있지는 않게 하라.

칼릴 지브란 「결혼에 대하여」

묶어두지는 말라.

사원의 기둥들도 적당한

거리를 두고 서 있는 것처럼,

참나무와 편백나무도 서로의

그늘 속에서 자랄 수 없으니.

*G*ive your hearts, but not into each other's keeping.
For only the hand of Life can contain your hearts.
And stand together yet not too near together: For the pillars of the temple stand apart,
And the oak tree and the cypress grow not in each other's shadow.

- Kahlil Gibran 「On Marriage」

For only _____ can contain your hearts.

1 2 3 4 5 6 7 8 9 10 11 12

Mon

Tue

Wed

Thu

Fri

Sat

Sun

새는 알을
알은 사
태어나려는 자
파고해야

57

헤르만 헤세 「데미안」

깨고 나온다.
의 세계다.
는 자신의 세계를
만 한다.

*T*he bird struggles out of the egg.
The egg is the world.
Whoever wants to be born, must
destroy a world.

- Herman Hesse「Demian」

Whoever wants to be born, must _____

1 2 3 4 5 6 7 8 9 10 11 12

Mon

Tue

Wed

Thu

Fri

Sat

Sun

오래 묵을수록

오래 딸린 땔감

믿음 있는 오랜 친구

좋은 네가지

잘 익은 포도주, 원로 작가의 작품

*A*ge appears best in four things: old wood to burn, old wine to drink, old friends to trust, and old authors to read.

- Francis Bacon

Age appears best in four things: _____

1 2 3 4 5 6 7 8 9 10 11 12

Mon

Tue

Wed

Thu

Fri

Sat

Sun

사람은 제일
높은 정상에
오를 수는 있다

59

조지 버나드 쇼

그러나 거기에서
오래도록 머무를 수는 없다.

$\mathcal{M}$an can climb to the
highest summits,
but he cannot dwell there long.

- George Bernard Shaw

Man can _____

1 2 3 4 5 6 7 8 9 10 11 12

Mon

Tue

Wed

Thu

Fri

Sat

Sun

아브라카다브라

하쿠나 마타타

루프리텔캄

카스트로 폴로스

살라카둘라 메치카불라

비비디바비디부

아자아자

60

아브라카다브라

파이팅!

Abracadabra
Hakuna matata
Roopretelcham
Castor Pollux
Salagadoola mechikaboola
bibbidi bobbidi boo

1 2 3 4 5 6 7 8 9 10 11 12

Mon

Tue

Wed

Thu

Fri

Sat

Sun